A SON EXCELLENCE

MONSEIGNEUR

LE MARÉCHAL MACDONALD,

DUC DE TARENTE,

GRAND CHANCELIER DE L'ORDRE ROYAL DE LA LÉGION-D'HONNEUR.

A SON EXCELLENCE

MONSEIGNEUR

LE MARÉCHAL MACDONALD,

DUC DE TARENTE,

GRAND CHANCELIER DE L'ORDRE ROYAL DE LA LÉGION D'HONNEUR.

> On ne nous importune jamais, et on est toujours certain d'être bien reçu, quand on vient nous indiquer des moyens de soulager les personnes qui sont dans l'affliction.
> P. D. L. S.
>
> *Parcere subjectis..........*
> *....... Miseris succurrere.....*
> Virg., Én.

PARIS.

IMPRIMERIE ET FONDERIE DE FAIN,
RUE RACINE, N°. 4, PLACE DE L'ODÉON.
1830.

A SON EXCELLENCE

MONSEIGNEUR

LE MARÉCHAL MACDONALD,

DUC DE TARENTE,
GRAND CHANCELIER DE L'ORDRE ROYAL DE LA LÉGION-D'HONNEUR.

Paris, le 22 janvier 1830.

MONSEIGNEUR,

J'ai reçu votre lettre, et M. le général d'Hautpoul m'a fait part dernièrement de la réponse de M. de Saint-Marc. Aujourd'hui même, où le Roi vient d'une manière insigne au secours des malheureux, et dans l'espoir de soulager ma famille, je cède enfin aux pressantes sollicitations de toutes les personnes qui m'honorent de leur amitié, et qui m'engagent à vous écrire de nouveau. En leur considération et en la mienne, je vous prie de me lire avec l'attention que mérite une affaire qui est pour moi d'une importance majeure.

Oui, Monseigneur, j'ai eu tort de penser qu'il suffisait de parler à M. Bernault pour les délais et les congés ; j'ai eu tort aussi de lui rendre un compte verbal, au lieu de vous rendre un compte par écrit sur l'état de la santé de ma fille. M. le général d'Hautpoul a eu également tort de m'envoyer auprès de M. de Saint-Marc, en me recommandant à sa bienveillance. Il croyait qu'il était chargé des détails, et que Votre Excellence ne s'occupait que de l'admission et des grâces; il s'est trompé, comme je me suis trompé moi-même, c'était à vous qu'il devait m'adresser. Mais qui ne se trompe point? Ces torts sont-ils graves? et les deux premiers, qui me sont personnels, peuvent-ils franchement être regardés comme des motifs plausibles pour enlever à ma fille un avantage qui lui était assuré par ordonnance de S. M.? Non, sans doute, et s'ils n'étaient point pardonnables, votre administration même serait coupable à vos yeux, ainsi que vous le verrez plus bas.

Le seul motif qu'on puisse alléguer contre moi, c'est que le terme de rigueur est fixé à douze ans; mais au delà de ce terme, les délais sont du ressort de votre équité. Vous en accordez aux élèves selon votre sagesse, l'état de leur santé et le nombre d'années qui leur est indispensable pour profiter de la place qu'elles ont obtenue. Or il est de fait que ma fille a reçu son brevet, qu'elle n'a pu être présentée à madame la surintendante pour cause de maladie, qu'elle peut encore passer trois ans dans la maison royale de Saint-Denis, y recevoir l'instruction qui lui manque, y terminer les études qu'elle a commencées, et jouir des avantages attachés à la faveur dont S. M. l'a honorée. Elle n'a jamais quitté sa mère, et quoique âgée elle est encore enfant par suite des souffrances qu'elle a éprouvées. La demande que je vous ai faite est donc motivée. En vain chercherait-on à limiter vos attributions, il est certain que la grâce que je vous prie de m'accorder ne dépend que de vous seul. S'il fallait en référer au Roi, un mot de Votre Excellence leverait toutes les difficultés. Le bonheur de ma fille est entre vos mains, ne dois-je point croire qu'enfin vous n'affligerez pas ma famille en privant mon enfant du premier de tous les biens, d'une bonne éducation. Ce n'est point avec quatre mille francs que je réparerai le tort que vous lui causerez si vous lui ôtez définitivement sa place. Vous savez que j'ai toujours servi avec zèle, pourquoi me feriez-vous perdre une somme aussi considérable? Autant vous avez été porté pour moi lors du travail de l'admission de ma fille, autant vous vous montrez sévère maintenant, où elle peut seulement profiter de ce que vous avez bien voulu faire pour elle. S'il est vrai qu'on m'a desservi auprès de Votre Excellence, je vous supplie de remarquer que, depuis que vous m'avez accordé votre protection, mes relations avec vous n'ont été que pour vous témoigner ma reconnaissance, et que les journaux vous ont appris que j'ai acquis de nouveaux titres aux faveurs du Roi : je puis donc espérer que vous me donnerez la permission dont j'ai besoin pour faire rentrer ma fille dans la maison royale de Saint-Denis. Je vous prie de m'accorder cette permission, comme une grâce spéciale dont vous pouvez m'honorer.

Si les torts que je viens de vous avouer devaient avoir des conséquences funestes pour moi, permettez que je vous demande pourquoi, à une époque où j'avais fait connaître par écrit que je persistais à conserver la place de ma fille, on a jugé sur une simple présomption que je renonçais à cette place, que j'avais sollicitée avec instance? Ne devait-on pas croire, au contraire, que j'ignorais qu'on pouvait me l'enlever? et ne devait-on pas, dans cette alternative, me prévenir de la perte que j'allais faire, avant de rayer des contrôles le nom de mon enfant? Les bureaux ne sont-ils pas établis pour le bien de tous les chevaliers de l'ordre? Doit-on supposer que nous connaissions le règlement qui ne nous est point communiqué, lorsque les tribunaux n'exigent pas qu'on ait connaissance des lois promulguées. Pourquoi enfin monsieur le chef de la 2e. division ne m'a-t-il pas dit que mon rapport verbal était insuffisant? Je lui avais été présenté par un de ses meilleurs amis, feu M. le colonel de Salaignac. Ne me devait-il point cette marque de bienveillance? Oui, certainement, et il me l'aurait donnée s'il y eût pensé. Le silence que j'ai gardé n'est-il point excusable? Je n'aurais rien à me reprocher maintenant; si j'avais eu à redouter l'inimitié de M. Bernault, je l'aurais mis en demeure, et j'obtiendrais aujourd'hui sans peine ce que je désire. Vainement alléguerait-on que je n'aurais pas eu un troisième délai. S'il en eût été ainsi, j'aurais conduit ma fille à Saint-Denis sur son lit de mort; car elle recevait le viatique à l'expiration du deuxième délai, elle aurait été admise dans la maison royale d'éducation de cette ville, et je l'aurais ramenée chez moi avec un congé. Mais Votre Excellence n'aurait point poussé la sévérité jusqu'à ce point. Mon enfant n'aurait pas fait alors le voyage de Saint-Denis, elle serait restée près de sa mère, et j'aurais eu un troisième délai conçu, comme le premier, jusqu'à la parfaite guérison de la maladie de ma fille.

Permettez-moi encore de vous poser ce dilemme: ou on pouvait m'accorder un délai jusqu'au parfait rétablissement de mon enfant, ou on ne le pouvait pas. Si on en avait la faculté, pourquoi ce délai que j'ai reçu a-t-il été annulé et remplacé par un autre délai de trois mois de durée seulement? Une faveur, une fois accordée, doit avoir son effet, ou bien elle est illusoire et trompe péniblement la personne qui la reçoit. Le premier délai devait donc avoir lieu jusqu'au jour où j'ai pu présenter ma fille, et d'autant plus qu'à cette époque elle pouvait, comme elle peut encore, profiter des avantages attachés à sa place. Si on n'avait pas le droit de me donner ce délai, pourquoi me l'a-t-on accordé? Dans le premier cas, on m'aurait traité d'une manière indigne de Votre Excellence : dans le deuxième cas, on a fait une faute. Mais personne n'ignore que vous pouvez accorder à une élève malade un délai jusqu'à son rétablissement. Le règlement est rédigé pour le bien des élèves et non pour les accabler dans le malheur; il ne peut exiger l'impossible, ni aucune détermination injuste. Toutes les condescendances paternelles sont remises à votre bienveillance; on ne devait donc point changer le premier délai que vous m'aviez expédié : cependant, sans considérer qu'il émanait de Votre Excellence, on l'a révoqué de fait, en lui donnant une autre limite que celle qu'il avait, et qui était la seule qu'on pouvait raisonnablement lui assigner, puisque ma fille était malade, et qu'elle n'a point encore atteint l'âge où la faveur qu'elle a reçue du Roi lui deviendra inutile. On n'aurait point agi différemment envers moi, si on avait eu le projet de me tromper, de me nuire et de m'enlever la place que vous m'aviez accordée. En effet, on m'a d'abord retiré l'avantage que vous m'aviez procuré, et ensuite on a rayé des contrôles le nom de mon enfant sans m'en donner avis, et sur la légère présomption que je renonçais à la place de ma fille; ce qui ne pouvait être qu'un prétexte ou l'effet d'une préoccupation; car j'avais fait savoir verbalement et par écrit que je n'avais pas changé d'intention, et que je n'attendais que le rétablissement de mon enfant pour la conduire dans la maison royale de Saint-Denis. Je n'ai jamais pu croire qu'un semblable projet ait été formé, quoique le seul exposé de ce qui s'est passé en fasse naître naturellement l'idée. Plein de confiance dans votre administration, j'étais loin de m'attendre à ce qui m'est arrivé. A la fin du deuxième délai, comme la maladie de ma fille continuait d'une manière alarmante, j'ai pensé seulement qu'il suffisait de dire à monsieur le chef de la 2°. division que mon enfant était toujours malade, et j'ai cru qu'il n'était pas nécessaire de vous occuper de ces détails, puisque je voyais d'ailleurs de temps en temps M. Bernault pour affaire de service. Voilà ma faute, telle que je vous l'ai avouée. Si elle n'est point excusable, que sont donc celles qu'on a commises contre moi, et que je viens de vous signaler? Pouvais-je prévoir qu'une place qui m'était accordée par une ordonnance du Roi me serait enlevée pour une faute légère? Si la perte de cette place dépendait du rapport que je devais vous faire, ne fallait-il pas au moins indiquer cette formalité d'une manière claire et précise dans le dernier délai? Si je suis coupable à vos yeux, ma partie adverse ne l'est-elle pas davantage? Mais tous ces torts seront effacés si vous daignez agréer ma demande. Vous le pouvez, par les raisons que vous connaissez et celles que je vous ai exposées. Le mode ordinaire de juger vient de plus à l'appui de ma cause : les tribunaux ne condamnent que sur l'intention manifestée. Or on m'accuse par présomption d'avoir renoncé à ma place : je vous ai prouvé le contraire, et mes lettres l'attestent d'une manière irrécusable. Ainsi l'accusation n'est point fondée.

Ma place ne peut donc m'être enlevée que par une injustice criante, et je vous demande de me la conserver comme une grâce spéciale.

La crainte des réclamations qui pourraient suivre l'admission de ma fille serait-elle de votre refus un des motifs que l'on ne m'a point objectés? car il faut épuiser la question. Mais en donnant trop à cette crainte on causerait un tort réel, en cherchant à éviter un mal qui n'est peut-être qu'imaginaire. Si ce mal existe, on peut y remédier sans être injuste ou cruellement sévère : on fixera la durée du premier délai que l'on délivrera pour raison de santé; ce que l'on n'a pas fait pour moi, puisqu'on m'a envoyé un délai illimité. On ne compromettra point ainsi la parole ni la dignité de Votre Excellence; on ne la forcera point à retirer une faveur qu'elle aura accordée, et on ne donnera lieu à aucune plainte semblable à la mienne. Les antécédens ne pourront servir de terme de comparaison, les dispositions auront été changées, les délais illimités seront supprimés, et, pour ne laisser aux intéressés aucun doute sur la conduite qu'ils devront tenir, on ajoutera la phrase suivante à la formule ordinaire : « A l'expiration de son délai, » l'élève sera remplacée, si on ne fait point par- » venir le bulletin authentique de sa maladie au » grand chancelier, dans le cas où elle ne pourra » pas être présentée à madame la surintendante. » Ce qui m'est arrivé ne pourra plus se renouveler à l'avenir. Aucune élève n'est dans la position où se trouve ma fille. Assez de parens abandonnent volontairement les places que vous leur donnez, témoins MM. Lieffroy, d'Hautpoul, et tant d'autres. Sous le rapport des réclamations, il n'y a donc point d'inconvénient à m'accorder ce que je vous demande.

Les élèves, d'ailleurs, restent avec des congés hors des maisons de l'ordre aussi long-temps que ma fille est demeurée chez moi avec des délais. Si elle avait eu un congé au lieu d'un délai jusqu'à son parfait rétablissement, elle rentrerait dans la maison de Saint-Denis sans difficulté; il n'y a donc de différence que dans le nom de la permission. Pourquoi s'attacher à la forme pour nuire à mon enfant, lorsqu'on peut ne considérer que le fait pour lui assurer le seul bien qui soit à l'abri des revers de fortune?

En résumé, je vous ai d'abord avoué les torts que j'ai eus; je vous ai rapporté les circonstances qui les rendent excusables; et, après vous avoir exposé les motifs d'après lesquels vous pouvez m'accorder la lettre d'entrée dont j'ai besoin pour mon enfant, je vous l'ai demandée comme une grâce spéciale. Je vous ai fait voir ensuite que les fautes que l'on a commises contre moi sont plus grandes que celles qu'on me reproche; enfin je crois vous avoir prouvé que l'on commettrait une injustice en m'enlevant la place de ma fille. Pourquoi Votre Excellence maintiendrait-elle une décision qu'elle peut annuler à volonté, qui ne fait de bien à personne, qui blesse nos intérêts les plus chers, et dont les considérans ont été réfutés avantageusement par la partie opprimée? Que le plaisir de faire des heureux l'emporte sur des arguties réglémentaires qui n'ont de force qu'autant que vous voulez leur en donner, et qui sont infirmées par les renseignemens que je viens de vous procurer. Ne pourrait-on changer d'avis que pour accabler mon enfant? Le premier délai aura-t-il été révoqué pour son malheur? Enfin la punirez-vous d'une manière cruelle pour une faute qu'elle n'a pas faite, et qui n'est qu'une erreur ou une conséquence de fautes plus graves que vous pardonnez, et qui ont été commises à son préjudice?

Pénétré de la bonté de ma cause, repoussant toute idée d'injustice et ne voulant atteindre que le but désiré, je conserve à votre décision les égards qui lui sont dus; j'en appelle à Votre Excellence comme on appelle au Roi des sentences rendues par les cours et les tribunaux. S. M. vient au secours de tous ceux qui sont dans la peine; elle entend même la voix suppliante des malheureux qui gémissent sous le poids de leur condamnation, elle leur rend la vie et la liberté lorsqu'ils sont encore dignes de ses bontés : pour de tels infortunés le Roi ne comprime point les élans de son cœur :

. . . . Il pardonne au rebelle ,
Chaque jour il accorde une grâce nouvelle.
P. D. L. S.

Il n'a de plaisir qu'à soulager les affligés et à récompenser le mérite. Vous êtes pour nous le ministre de ses grâces. Tout pouvoir vous est donné pour adoucir le sort des enfans des officiers décorés et sans fortune. Vous savez que je n'ai jamais démérité. Pourquoi seriez-vous inexorable dans les mêmes circonstances où S. M. se plaît à répandre ses bienfaits?

Je vous supplie donc de permettre que je conduise mon enfant dans la maison royale de Saint-Denis, qu'elle y occupe la place que vous avez obtenue pour elle dans cette maison, et dont elle peut encore profiter pendant trois ans. En agréant cet appel à votre bienveillance et à votre équité, vous obligerez une famille que vous avez honorée de votre protection, vous consolerez une enfant profondément affligée, et vous conserverez à un officier qui n'a que son épée un avantage précieux que vous lui avez procuré en considération de ses services.

J'ai l'honneur d'être, avec le plus profond respect,

Monseigneur,

De Votre Excellence,

Le très-humble et très-obéissant serviteur,

Le chef d'escadron d'artillerie,

Poumet.

Rue de Grenelle-Saint-Germain, n°. 136.

A SON EXCELLENCE

MONSEIGNEUR

LE MARÉCHAL MACDONALD,

DUC DE TARENTE,

GRAND CHANCELIER DE L'ORDRE ROYAL DE LA LÉGION-D'HONNEUR.

..... Miseris succurrere.....
VIRG. En.

A SON EXCELLENCE

MONSEIGNEUR

LE MARÉCHAL MACDONALD,

DUC DE TARENTE,
GRAND CHANCELIER DE L'ORDRE ROYAL DE LA LÉGION-D'HONNEUR.

ALLÉGORIE [1].

Cessez, cessez vos jeux, ô Nymphes de la Loire !
Celui dont vous chantez les hauts faits et la gloire,
Le héros de ces lieux, l'honneur de nos cités,
N'est plus le protecteur de nos jeunes beautés.
   Philis, le digne objet de votre bienveillance,
Philis, que vous aimez dès sa plus tendre enfance,
Tenait de ses bontés l'espoir le plus flatteur ;
Il vous avait promis de faire son bonheur,
Et de roses lui-même il l'avait couronnée.
Hélas ! tout est changé.... cette aimable Philis

---

[1] Jetée sur le papier par l'auteur, pendant l'impression de sa lettre à M. le Maréchal.

Ne sera plus au rang de ses enfans chéris [1].
O peines! ô douleurs!.... Cruelle destinée!
Si le juste ici-bas jamais ne se dément,
Qui donc a pu produire un pareil changement?
— Le génie infernal de la bureaucratie.
Pour nuire il lui suffit d'une simple argutie.
Devant nos chevaliers il rampait autrefois;
Maintenant il gouverne. O Dieu! quelle infamie!
Il annule à son gré les décisions des rois.
La parole des preux, sous son sceptre avilie,
A ses yeux n'est plus rien; ses écrits font la loi.
Ce monstre doit la vie à la mauvaise foi.

[1] S. Exc. daigne appeler les élèves des maisons d'éducation de l'ordre royal de la Légion-d'Honneur *ses chères enfans.*

Sous le nom de Philis, l'auteur parle de sa fille, élève de la maison royale de Saint-Denis, qui n'a pu être présentée à madame la surintendante, pour raison de santé. Cette élève, douée des dispositions les plus heureuses, méritait à juste titre la protection dont M. le Maréchal l'a honorée en demandant pour elle au Roi la place gratuite qui lui a été accordée par ordonnance de S. M. Cependant, en vertu d'un travail fait dans les bureaux du grand chancelier, quoiqu'elle ait eu un délai jusqu'à son parfait rétablissement, son nom a été rayé des contrôles lorsqu'elle était encore malade, ce délai a été limité et annulé avant la fin de sa maladie, et sa place lui est enlevée actuellement où elle pourrait commencer à en jouir. Le rapport verbal de l'auteur, qui devait prévenir cette disgrâce, a été regardé comme non avenu.

O Nymphes ! c'est lui seul qui cause nos alarmes,
Qui nous afflige tous, et fait couler nos larmes.
Au pied de Saint-Brisson [1], dans le vallon d'Autry [2],
Au milieu de la France, aux confins du Berry,
Sur vos rians coteaux et vos rives fleuries,
Intéressez pour nous vos plus chères amies.
Des creneaux de Chenaille [3] au donjon de Sully [4],
Et de Gien-la-Pucelle [5], à l'antique Poilly [6],

[1] Village sur une hauteur avec un château qui domine la Loire, et qui appartient à une famille particulièrement estimée de S. Exc.

[2] Ce vallon est commandé par le château de ce nom, où M. le Maréchal a été reçu et fêté par Mme la comtesse de Saint-Brisson, M. et Mme de Chabanc, en 1815, au milieu d'une réunion brillante dont l'auteur faisait partie.

[3] Château sur la rive droite de la Loire, à quelques lieues de Sully. Gabrielle d'Estrées habitait ce château lorsque Henri IV assiégeait Jargeau, et pendant le temps qu'il passait dans le duché de son premier ministre.

[4] Bâti à une époque fort ancienne, et restauré par le duc de Sully. Pepin-le-Bref y réunit la cour après la pacification de l'Aquitaine ; la reine et les dames de sa suite s'y rendirent d'Orléans, en remontant la Loire dans des barques pompeusement ornées. Près de ce donjon se trouve Plaisance, maison de campagne où demeure madame de Chabanc.

[5] Ainsi nommée parce qu'aucun de ses habitans n'a péri victime des réactions pendant nos troubles révolutionnaires, tandis que les villes environnantes ont envoyé à l'échafaud la plupart de leurs notables, la reine Anne habita et embellit cette ville pendant la minorité de Louis XIV.

[6] Paroisse du domaine de Lavillaisie, où l'auteur passe l'été

Sous les murs de Sancerre [1] au château de **Courcelles** [2],
O filles d'Amphitrite! ô beautés immortelles!
Dans cet ancien jardin du royaume des lis [3],
Contez notre malheur!... plaignez, plaignez Philis!
Et vous, mânes d'Agnès, ombre de Gabrielle,
Qui vous plaisez encore à revoir ces beaux lieux,
Ah! venez prendre part à sa peine cruelle;
Quittez pour cette enfant ces champs aimés des dieux.
Grotte où nous offrions les trésors de Pomone
Au héros qui nous aime et qui nous abandonne,

avec sa famille. C'est là que les Gaulois de Genabum se sont retirés après l'incendie de leur cité. On remarque dans les environs plusieurs maisons de campagne, le château de Dominus qui appartient à M. le général d'Argout, et la terre de Lormet où M. et Mme Devade-Perrignon réunissaient leurs amis, et ceux de S. Exc.

[1] Ville natale de M. le Maréchal.

[2] Terre de S. Exc., agréablement située sur la rive gauche de la Loire, et non loin de Bourges, où fut long-temps la cour de Charles VII. Cette terre est embellie de nappes d'eau limpide au milieu d'un parc charmant, et elle est enrichie des souvenirs d'Agnès Sorel.

[3] Depuis que les progrès de la civilisation ont fait cesser les incursions des Normands dans l'Ile-de-France, les environs de Paris n'ont plus été ravagés par les incursions de ces peuples, et ils sont devenus le séjour le plus favorisé de nos rois; mais les bords de la Loire, pour la salubrité de l'air qu'on y respire, pour la beauté naturelle de leur site et pour la grandeur et la majesté du fleuve qui les arrose, seront toujours **préférés aux rives de la Seine.**

Où nous avons placé son portrait enchanteur :
Adieu, vous n'êtes plus l'asile du bonheur [1].
L'espérance, ce bien, ce charme de la vie,
Qui seule nous restait, enfin nous est ravie !
O famille éplorée ! ô mes chères amours !
C'en est donc fait pour vous, il n'est plus de beaux jours !

Cessez, cessez vos jeux, ô Nymphes de la Loire !
Celui dont vous chantez les hauts faits et la gloire,
Le héros de ces lieux, l'honneur de nos cités,
N'est plus le protecteur de nos jeunes beautés.

Sur son cœur généreux, votre douce influence
Cependant nous ranime et nous rend l'espérance.
Ah ! vous serez toujours dignes de ses bontés.
Il aime à parcourir vos campagnes fertiles,
Il trouve le bonheur sur vos bords enchantés.
C'est là, lorsque l'été fait déserter nos villes,

---

[1] Allusion à la chambre où coucha S. Exc., lorsqu'elle fut accueillie à Gien par les parens de l'enfant, feu M. et Mme Devade-Perrignon. Cette chambre est effectivement ornée de la gravure de M. le Maréchal ; elle porte son nom, et elle est regardée dans la famille de l'auteur comme un souvenir toujours présent de son amitié. Elle appartient, ainsi que la maison dont elle dépend, à Mme veuve Poumet-Perrignon, qui prenait plaisir à y réunir ses petites-filles, dans l'espoir que S. Exc. leur accorderait sa protection ; espoir qu'elle n'a point perdu, et qui fera la consolation de ses vieux jours, s'il est réalisé.

Qu'il vient jouir en paix des faveurs de nos rois ;
C'est là qu'il vit le jour pour la première fois.
Son retour sera-t-il un sujet de tristesse,
Dans ce pays charmant que protègent les cieux ?
Pourra-t-il, oubliant l'objet de sa tendresse,
Changer en cris plaintifs vos chants harmonieux ?
Non, non, laissez ces bords et cette onde azurée,
Allez lui présenter votre enfant adorée,
Et quand il la verra les yeux baignés de pleurs,
Dites-lui le sujet de ses vives douleurs,
Intercédez pour elle et pour sa tendre mère [1].
Non, ce héros n'est point cruellement sévère,
Il est, il fut toujours le meilleur des amis.
Il se rappellera ce qu'il vous a promis ;
Il reverra l'arrêt de la bureaucratie,
Il vous écoutera..... si votre voix chérie
Aux élans de son cœur vient à se réunir,
Il vous rendra l'espoir d'un riant avenir.

Le chef d'escadron d'artillerie,
Poumet.

[1] Doña Maria de Palacio, de la famille du général et marquis de ce nom, qui commandait les troupes espagnoles en Catalogne dans la dernière guerre de la Péninsule, avant la restauration.

PARIS.—IMPRIMERIE ET FONDERIE DE FAIN,
RUE RACINE, N°. 4, PLACE DE L'ODÉON.

www.ingramcontent.com/pod-product-compliance
Lightning Source LLC
Chambersburg PA
CBHW060859050426
42453CB00011B/2025